MÁQUINAS SIMPLES

LOS PLANOS INCLINADOS

SON MÁQUINAS

DOUGLAS BENDER Traducción de Milly Blanco

Un libro de Las Raíces Plus de Crabtree

CRABTREE
Publishing Company
www.crabtreebooks.com

Apoyos de la escuela a los hogares para cuidadores y maestros

Este libro ayuda a los niños en su desarrollo al permitirles practicar la lectura. Abajo están algunas preguntas guía para ayudar al lector a fortalecer sus habilidades de comprensión. En rojo hay algunas opciones de respuesta.

Antes de leer:

- ¿De qué pienso que tratará este libro?
    - *Pienso que este libro trata sobre los planos inclinados.*
    - *Pienso que este libro trata sobre cómo los planos inclinados nos ayudan en nuestra vida diaria.*
- ¿Qué quiero aprender sobre este tema?
    - *Quiero aprender sobre ejemplos del mundo real de planos inclinados.*
    - *Quiero aprender qué hace que un plano inclinado sea una máquina simple.*

Durante la lectura:

- Me pregunto por qué...
    - *Me pregunto por qué una escalera es un plano inclinado.*
    - *Me pregunto por qué los planos inclinados son de diferentes tamaños.*
- ¿Qué he aprendido hasta ahora?
    - *Aprendí que un tobogán en el parque es un plano inclinado.*
    - *Aprendí que algunas carreteras son planos inclinados.*

Después de leer:

- ¿Qué detalles aprendí de este tema?
    - *Aprendí que las personas que dependen de sillas de ruedas utilizan planos inclinados.*
    - *Aprendí que las máquinas simples tienen pocas o ningunas piezas en movimiento.*
- Lee el libro una vez más y busca las palabras del vocabulario.
    - *Veo la palabra **escaleras** en la página 10 y la palabra **tobogán** en la página 20. Las demás palabras del vocabulario están en la página 23.*

Este es un **plano inclinado**.

Polea

Palanca

Tornillo

Es una de las seis **máquinas simples**.

Cuña

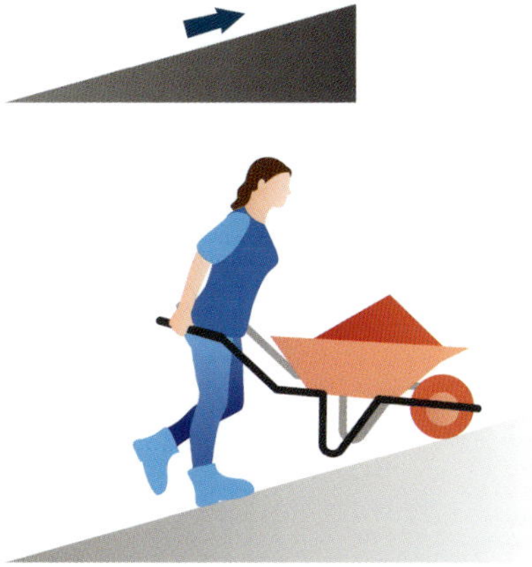

Plano Inclinado

Rueda y Eje

Las máquinas simples tienen pocas o ningunas piezas en movimiento.

Los planos inclinados nos ayudan a levantar y bajar cosas.

A41-2
F 1
15
Z07 663

Algunos planos inclinados son largos.

Los planos inclinados de esta carretera ayudan a los autos a subir la montaña.

Jordan sube corriendo las **escaleras**.

¡El está usando un plano inclinado!

Las personas que utilizan **sillas de ruedas** dependen de planos inclinados.

Algunos planos inclinados son cortos.

Este **camión de mudanzas** tiene un plano inclinado corto.

La parte trasera de este camión es un plano inclinado.

Esto facilita que el vaciado de la **carga** sea más fácil.

¡Los planos inclinados también pueden ser divertidos!

Un **tobogán** es un plano inclinado divertido.

Lista de palabras

Palabras básicas

algunos
ayudan
corriendo
cosas
el
es
este
la
largos
mudanzas
ningunas
nos
o
parte
personas
pocas
que
son
sube
también
tiene/tienen
un/una
usando
utilizan
y

Palabras para conocer

camión de mudanzas

carga

escaleras

máquinas simples

plano inclinado

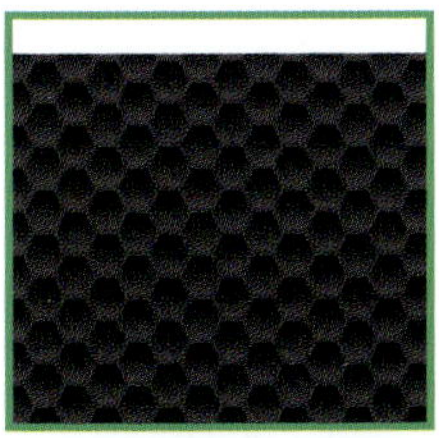

sillas de ruedas

tobogán

CRABTREE
Publishing Company

MÁQUINAS SIMPLES

LOS PLANOS INCLINADOS SON MÁQUINAS

Written by: Douglas Bender
Translation to Spanish: Milly Blanco
Designed by: Rhea Wallace
Series Development: James Earley
Proofreader: Janine Deschenes
Educational Consultant: Marie Lemke M.Ed.
Photographs:
Shutterstock: Andrej Safaric: cover, p. 1; Dushlik: p.3, 23; Ryan Fletcher: p. 7; Flystock: p. 8-9; Natchar Lai: p. 11; XArt Production: p. 13; 24-K Production: p. 14; Christina Richards: p. 15, 23; David Pruter: p. 16-17, 23; Juris Vigulis: p. 19; Iakov Filimanor:p. 21, 23

Library and Archives Canada Cataloguing in Publication

CIP available at Library and Archives Canada

Library of Congress Cataloging-in-Publication Data

CIP available at Library of Congress

Crabtree Publishing Company

www.crabtreebooks.com 1-800-387-7650

 Printed in the U.S.A./072022/CG20220201

 In Canada: We acknowledge the financial support of the Government of Canada through the Canada Book Fund for our publishing activities.

Published in the United States
Crabtree Publishing
347 Fifth Avenue, Suite 1402-145
New York, NY, 10016

Published in Canada
Crabtree Publishing
616 Welland Ave.
St. Catharines, ON, L2M 5V6